EPITRE

AU GROUPE DIT

LA COMMUNE RÉVOLUTIONNAIRE

PAR

UN COMMUNALISTE.

Prix : 3 pence.

LONDRES,
Chez tous les libraires français.
1874.

EPITRE

AU GROUPE DIT

LA COMMUNE RÉVOLUTIONNAIRE,

PAR

UN COMMUNALISTE.

EPITRE

AU GROUPE DIT

LA COMMUNE RÉVOLUTIONNAIRE,

PAR

UN COMMUNALISTE.

I

Citoyens !

Voici trois ans que vous méditez sur la terre d'exil; trois ans que les 37,000 fusillés et les 40,000 combattants tombés à leur poste, dorment dans leur lit de chaux et de décombres; trois ans que prenant en main les rênes de nos destinées futures, vous vous êtes constitués en Commune Révolutionnaire, et au bout de ces trois ans vous avez produit, sous le titre d'appel *Aux Communeux*, le manifeste que nous venons de lire.

La montagne révolutionnaire est enfin accouchée... de la taupe communiste.

Hélas ! trois fois hélas ! Qu'avez-vous fait, vous aussi ? On se le demande ; on se demande à quel labeur vous avez employé vos veilles, et quel est le fruit de ces veilles ?

Vous êtes donc tous les mêmes, révolutionnaires ou bourgeois, républicains ou monarchistes ; les grandes leçons du passé sont pour vous lettre-morte ; les catastrophes vous ont laissés aveugles et sourds ; le travail lent mais sûr du progrès ne vous a pas frappé.

L'heure arrive, et vous ne le voyez pas ; et par votre maladresse vous allez retarder l'heure.

O socialistes, mes frères, vous vous traînerez donc éternellement dans la vieille ornière où ont pataugé, depuis les communistes de Crète et de Sparte, les hommes qui se disent du progrès et qui enrayent le progrès, les hommes qui se prétendent révolutionnaires et qui n'ont jamais fait qu'échouer les révolutions.

Vous avez donc tout oublié, si vous n'avez rien appris.

Hissés sur le piédestal que vous vous élevez, vous vous êtes pris au sérieux, et vous ne voyez pas que les gens sérieux rient de vous.

Commune révolutionnaire !

Que prétendez-vous révolutionner avec les

bouffonneries sinistres qui émaillent votre *Exposé de Doctrines ?*

Si encore, vous émettiez des idées nouvelles, des théories neuves, des moyens originaux, vous pourriez séduire quelques milliers d'imbéciles par la saveur de votre étrangeté.

Mais non ; vous restez dans le terre à terre des banalités communistes, vous n'êtes que l'écho des morts, hommes et idées, et l'heure est venue, où il ne suffit plus d'être un écho.

Les affamés, les déshérités, les parias de quatre mille ans, finissent par comprendre que vos théories sont creuses, et que, pour les rassasier, il leur faut du solide, et que l'étendard sur lequel vous écrivez : *Extinction du prolétariat*, est en effet, son extinction, mais par le massacre.

Que celui qui paye les incendies, les tueries d'hommes, les destructions de monuments, les exécutions d'archevêque et de gendarmes, c'est en définitive et en dernier ressort toujours lui, le prolétaire, et qu'il le paye avec son sang.

Membres de la Commune révolutionnaire, soyez plus avares du sang du Peuple.

Vous voulez, dites-vous, renverser par la force une société *qui ne se maintient que par la force,* vous voulez la détruire de fond en comble, hommes et choses, institutions, monuments et symboles ; certes, votre but est clair, net, précis.

Mais les moyens ?

Mais la vieille société, *qui s'appuie sur la force*, que fera-t-elle pendant ce temps ?

Vous pensez donc avoir aussi à votre heure la force ?

Comment l'obtiendrez-vous ?

Par vos théories ?

Qu'elles sont elles ?

II

Vous vous proclamez ATHÉES, COMMUNISTES, RÉVOLUTIONNAIRES.

Mais déjà, depuis des centaines d'années, des individualités plus puissantes, plus sympathiques, et mieux accréditées que les vôtres, ont lancé aux vieilles sociétés ce défi.

Qu'est-il résulté ?

Les dieux de toutes les religions ont vu s'accroître le nombre de leurs temples et la richesse de leurs prêtres ; les états se sont assis et consolidés ; la propriété est devenue de plus en plus forte, et les empires ont succédé aux empires.

Parce qu'il ne suffit pas de dire qu'on va démolir l'édifice, il faut prouver qu'on saura en rebâtir un autre, et prouver surtout que l'édifice nouveau sera plus utile, plus commode, plus solide que l'ancien ; et, communistes de toutes les écoles, vous avez été reduits à l'impuissance dès qu'il s'est agit de construire et de constituer.

Vous avez été reduits à l'impuissance, parce que vos théories, admisibles peut-être pour des groupes isolés ou des états minuscules, sont pratiquement impossibles pour une grande nation.

Vous avez été reduits â l'impuissance, parce que vos moyens étaient violents, que vous n'avez *jamais* eu, et que vous n'aurez *jamais* assez de vitalité et de force pour imposer vos doctrines.

Je dis *jamais*, et je le répète, car, vous trouverez éternellement en face de vous et contre vous ces trois sentiments inhérents à la nature humaine, que tous possèdent à des degrés plus ou moins développés dans les cases du cerveau, et qui sont le principe même de toute société :

La religiosité.

La philogéniture.

L'acquisivité.

Remaniez donc le crâne de l'homme, créez-lui

d'autres organes; repétrissez la matière cérébrale;
anéantissez l'instinct de la religion, la passion
de la propriété, l'amour de la famille ; ou bien,
si vous vous sentez incapables de cette besogne,
résignez-vous à rester seuls ; à être un groupe
sans consistance, sans valeur et sans force ; à
vous agiter dans le vide de vos discussions, et à
prêcher dans le désert.

Peut-être pourra-t-il arriver, par un concours
anormal de circonstances, que votre voix par-
vienne à se faire entendre des masses ignorantes
qui ne savent ni raisonner, ni prévoir ; peut-être
soulèverez-vous quelque *jacquerie* partielle ; mais,
encore une fois, elle finira dans une nouvelle
boucherie.

III

Athées, nous repoussons votre athéisme,
comme nous repoussons tout ce qui veut s'imposer à la pensée, tout ce qui est violent, irraisonnée,
stérile.

L'athéisme ne s'impose pas plus qu'il ne s'im-
provise ; on n'est pas spontanément athée, on le

devient par la réflexion et par l'étude. Privé de ces deux aides, l'intelligence et le savoir, l'athéisme est une imbécilité dangereuse. Et si nous trouvons risible le dévot fanatique qui s'agenouille devant son idole, nous trouvons écœurant l'ignorant imbécile qui se dresse sur son piédestal de sottises, et crie : " *Il n'y a pas de Dieu !*" parce qu'il l'a entendu répéter au cabaratier du coin.

Instruisez les hommes, moralisez-les, faite-leur toucher du doigt les mystères de la science et les exigences de la morale, peut-être alors, après de mûres réflexions, deviendront-ils athées ; mais ceux qui le deviennent par cela seul que vous leur dites de l'être, nous n'hésitons pas à le crier : " Ceux-là sont des crétins."

En un mot, faites des athées et des matérialistes comme d'Holbach, Condillac, Helvétius; Volney, Cabanis, mais non pas comme *Gavroche.*

IV

Communalistes, nous repoussons votre communisme, parce qu'il est *dégradant, absurde et niais.*

Dégradant, parce qu'il enlève toute initiative à l'intelligence humaine ; parce qu'il parque les hommes comme on parque les troupeaux.

Absurde, parce qu'il est d'une réalisation impossible ; parce que le communisme des ignobles républiques de Crète et de Sparte, qui sont vos premiers modèles, ne pouvait exister qu'à la condition d'être soutenu par les Periæces et les Ilotes, armée d'esclaves qui assuraient par leur travail la communauté oisive de leurs maîtres ; parce que les turpitudes des Anabaptistes de l'Allemagne salissent les pages de l'histoire ; parce que les misérables fiascos de Cabetau Texas et dans l'Illinois en ont suffisamment et amplement démontré l'impossibilité et le ridicule ; parce qu'enfin *le communisme est l'esclavage universel en faveur d'une idée.*

Niais, parce qu'il indique l'ignorance la plus crasse du premier sentiment de l'homme : *le besoin d'acquérir et de posséder ;* parce que vous ne trouverez pas de travailleur qui ne vous nie le droit de lui enlever ce qu'il a légitiment acquis et qui ne vous réponde :

" Ce que tu revendiques comme le bien de tous, je le revendique comme mon bien propre. Il est à moi, c'est le produit de mes veilles et de mes sueurs. Que je l'aie acquis par mes mains ou par mon intelligence, tu n'y as nul droit. Si tu veux le prendre tu es un voleur, et j'opposerai la force à la force."

Il y a, en France, onze millions de propriétaires, bourgeois, ouvriers et paysans qui vous répondront ainsi.

V

Révolutionnaires, nous repoussons vos moyens révolutionnaires, par la seule raison qu'ils ne sont que l'aveu de votre faiblesse et de votre absence totale de moyens.

Comment conquerriez-vous le pouvoir politique dont vous parlez ? la Révolution, dont vous vous faites les apôtres ?

Par quelles idées ? Par quelles hommes ?

Par la confiance, peut être ? Vous nous feriez rire si vous le pensiez.

Par la force ? Où est-elle ? Vous êtes isolés, désarmés et faibles. La force ? Vous l'avez eue, Internationalistes et Communistes ; vous l'avez eue, et vous l'avez laissé échapper de vos mains débiles. Et pendant que vous l'aviez, vous n'avez pas su vous en servir.

Vous avez possédé Paris, la première place du monde; vous aviez 200,000 hommes en armes, des canons sans nombre, des munitions, des forts, une population sympathique au début; en face de vous, une armée démoralisée, avec des cadres incomplets, des soldats lassés de la lutte, des départements, les uns hésitants, les autres prêts à vous venir en aide, et avec tous ces moyens redoutables, dont vous aviez les mains pleines, vous n'avez rien su faire, rien su organiser, pas même vos bataillons, que vous gaspillez et qui vous crévaient dans la main; vous avez par vos inepties fait fuir les sympathies qui venaient, par vos discussions intempestives et oiseuses fait la risée du monde, par votre gaspillage d'hommes, écrasé le peuple, et fait échouer la révolution.

C'est donc par les idées que vous arriverez au pouvoir?

Mais quant on veut conduire le monde par les idées, il faut marcher en avant de son siècle, et non se laisser traîner à la remorque d'un siècle éteint.

La Commune de 71 a voulu platement copier la Commune de 93, ne s'apercevant pas que malgré l'étouffante atmosphère du bourgeoisisme les couches sociales marchaient depuis 80 ans.

Vous, proscrits de 71, vous copiez la Commune Révolutionnaire des proscrits de 48 et de 52, ne semblant pas vous douter que tout cela est vieux et usé depuis vingt ans.

Des idées neuves! des idées neuves et des doctrines saines, et vous trouverez un auditoire. Mais, pour l'honneur des proscrits, dont vous vous faites les champions, employez votre éloquence à de plus sages objets qu'à un exposé public de ces vieilleries communistes, de ces menaces stériles, qui compromettent l'avenir et font la joie et le jeu de la réaction.

VI

Un mot encore.

Un avocat qui n'est pas intéressé à la cause qu'il défend, la défend mal; c'est peut-être pourquoi vous défendez mal la cause du prolétariat.

Je ne sais si je me trompe, mais ceux d'entre vous que j'ai l'honneur de connaître, ne me paraissent nullement être des prolétaires.

Je vois des avocats, des professeurs, des journalistes, des traficants, des apothicaires, des ouvriers qui gagnent des journées de chefs de bureaux ministériels, mais de prolétaires, pas un.

Il serait grand temps, cependant, de ne plus se payer de mots, de ne plus jouer aux phrases creuses.

Vous qui vous dites prolétaires, savez-vous ce que c'est qu'un prolétaire ?

C'est un homme qui se lève avant le jour, et qui se couche après le jour, non pour discuter ses droits près d'un comptoir de *Public House*, à côté d'une pipe et d'un pot de bierre, mais pour se courber sur un travail pénible et rude.

C'est celui qui gagne difficilement un pain insuffisant pour lui et sa famille, et qui, cependant, a un maître qu'il enrichit.

C'est celui qui erre par les rues, sans asile, la faim au ventre, cherchant un travail qu'il ne trouve pas, parce qu'il est mal vêtu, qu'il a des pièces aux coudes et des trous aux souliers.

C'est celui qui lutte avec les besoins de chaque jour, qu'il ait *les mains blanches ou calleuses*, qui a connu la faim et la misère, *qu'il ait un paletot ou une blouse*, qui s'est heurté aux aspérités de la vie et au cœur fermé des hommes, *qu'il sorte du collége ou du ruisseau*.

Voilà ce qu'est un prolétaire.

Voilà quel est celui dont la voix est autorisée à revendiquer, au nom de ses frères en souffrance, les joies dont la société le frustre, sa place, moyennant sa part de travail, au banquet social.

Membres de la Commune révolutionnaire, est-il beaucoup de prolétaires dans votre groupe ?

Vous l'affirmeriez que nul ne vous croirais, car vous êtes pour la plupart bien chaussés et bien vêtus ; vous étalez sur vos ventres des chaînes d'or et des breloques ; vous paraissez bien vivre, et la brillante santé, qui reluit sur vos joues, ne semble pas avoir été acquise dans les misères et les luttes qui assiégent le prolétaire.

Allons ! ne vous fatiguez pas en proclamations stériles, la Révolution future, nous l'espérons, aura des hommes autres que vous. Au jour des représailles, ceux qui ont faim et qui ont fait maigre, verront trop que vous avez fait gras.

FRANCE.

Londres, le 10 juin 1874.
13, Tottenham St., W.